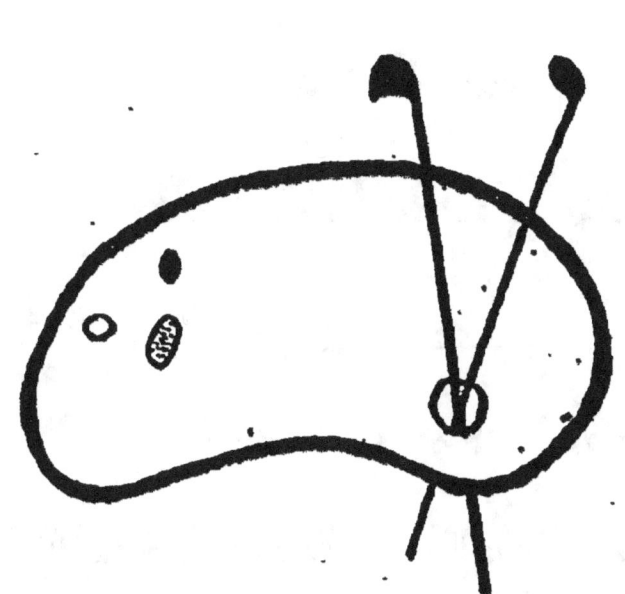

DÉBUT D'UNE SÉRIE DE DOCUMENTS
EN COULEUR

CABINET

E. DURAND.

—◆—

Avec les prix de la Vente

ESTAMPES, LIVRES, GOUACHES

ET DESSINS.

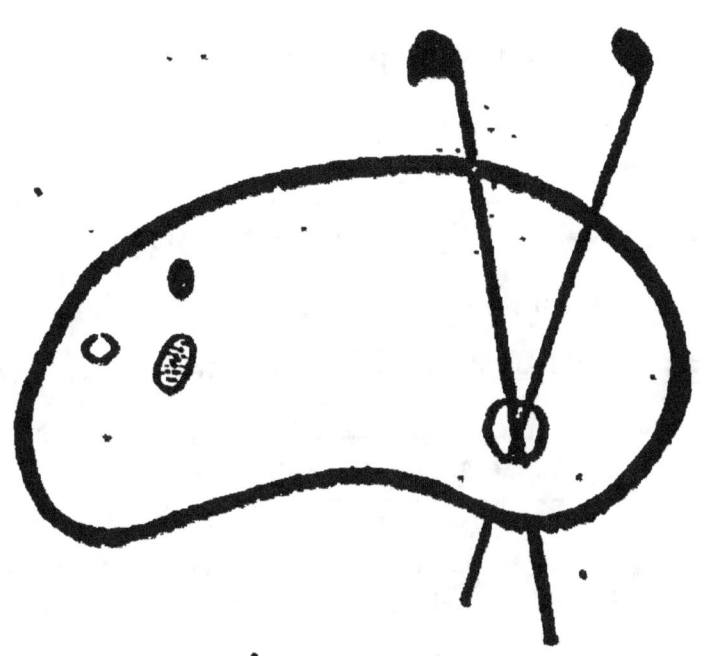

FIN D'UNE SERIE DE DOCUMENTS EN COULEUR

Catalogue

D'UNE COLLECTION

D'ESTAMPES

ANCIENNES,

DE LIVRES SUR LES ARTS ET LA LITTÉRATURE,

ET

DE GOUACHES ET DESSINS,

PROVENANT DU CABINET

DE FEU M. EDME DURAND.

PAR PIÉRI-BÉNARD.

La Vente se fera le lundi 25 janvier 1836 et jours suivans, heure de midi, dans le domicile du défunt, boulevart Poissonnière, 20.

L'Exposition sera publique le dimanche 24, de onze à trois heures.

SE DISTRIBUE

Chez
- Me LENORMANT-DEVILLENEUVE, commissaire-priseur, rue de la Perle, n° 9, au Marais ;
- Me BONNEFONS DE LAVIALLE, commissaire-priseur, rue de Choiseul, n° 11 ;
- M. PIÉRI-PÉNARD, expert, boulevart des Italiens, n° 11, qui se charge des commissions.

1836.

AVANT-PROPOS.

La Collection d'Estampes, dont nous allons donner la description, est un choix fait dans une des plus belles collections qu'il ait été donné à un particulier de former.

M. EDME DURAND s'était plu à réunir tout ce que la gravure avait produit de plus beau et de plus curieux depuis son origine jusqu'à nos jours. Il y a déjà plusieurs années que cette grande collection fut vendue; par sa division, elle enrichit les premiers cabinets de l'Europe. Mais, en abandonnant des objets d'un si haut intérêt, M. DURAND voulut en conserver le souvenir, par un choix de pièces capitales. C'est cette même réserve que nous mettons aujourd'hui sous les yeux des amateurs. Quoique les Estampes ne soient pas en grand nombre, cette réunion forme encore l'histoire de la gravure, et nous offre de précieuses productions du MAÎTRE DE 1466; de BOCHOLT; de MARTIN SCHONGAUER; d'ISRAEL DE MECKEN; d'ALBERT DURER; de LUCAS DE LEYDE, etc. Elle brille surtout dans l'école italienne par une importante collection de NIELLES, soit sur plaques d'argent, soit en impressions sur papier; par de belles pièces de VIEUX MAÎTRES ANONYMES; de POLLAIOLO; de MANTEGNA, de ZOAN ANDREA; de MARC-ANTOINE et ses élèves. Plusieurs des chefs-d'œuvre des écoles de France et des Pays-Bays complètent cette collection.

Nous ferons remarquer aussi une jolie réunion de Gouaches et Miniatures faites d'après les peintures à fresque des plus grands maîtres italiens; de Dessins et Aquarelles. Un grand nombre de Livres à figures, d'ouvrages sur les arts et les antiquités et plusieurs autres livres terminent ce catalogue.

Nota. Les autres parties du cabinet de M. E. DURAND, comprenant les vases grecs et étrusques, les terres cuites, les bijoux, les médailles et autres objets d'art et de haute curiosité, seront vendus plus tard. Le public sera averti de l'époque et de l'ordre de la vente par de nouveaux catalogues maintenant sous presse.

ORDRE DE LA VENTE.

Première Vacation. — *Lundi 25 janvier.*

                                                         NUMÉROS.

Bordures. 226
Estampes en feuilles. . . . . 128 à 132
Estampes encadrées. . . . . 19 à 89

Deuxième Vacation. — *Mardi 26.*

Estampes en feuilles. . . . . 133 à 138
Estampes encadrées. . . . . 90 à 127
Nielles, etc. . . . . 1 à 18
Gouaches, Miniatures, etc. . . . . . 213 à 225

Troisième Vacation. — *Mercredi 27.*

Livres. . . . . 179 à 193
Recueils et Livres. . . . . 139 à 178
Restant des Miniatures, etc. . . . . 194 à 211

ABRÉVIATIONS.

ap.	. . . . . après.		l.	. . . . . lignes.
av.	. . . . . avant.		l. l.	. . . . . la lettre.
br.	. . . . . broché.		p.	. . . . . petit.
car.	. . . . . cartonné.		p.	. . . . . pièce.
d.-r.	. . . . . demi-reliure.		p.	. . . . . pouce.
ép.	. . . . . épreuve.		v.	. . . . . veau.
h.	. . . . . hauteur.		v. m.	. . . . . veau marbré.
l.	. . . . . largeur.			

Le B suivi d'un numéro entre deux parenthèses désigne le numéro de l'œuvre du maître dans le *Peintre-Graveur*, par BARTSCH.

Les acquéreurs paieront 5 p. 100 en sus du prix de l'adjudication, imputables sur les frais de la vente.

CATALOGUE

DE

GRAVURES, LIVRES, GOUACHES ET DESSINS.

NIELLES SUR ARGENT.

LA NATIVITÉ.

400

1. == *Paix* formée par trois plaques enfermées dans un cadre en cuivre, cintré du haut. Le sujet principal est une crèche dans laquelle est représentée la scène de la Nativité. L'enfant Jésus est couché, au milieu, sur le devant de la composition; il pose sur une partie du manteau de la Vierge; celle-ci est à genoux; à gauche, du côté opposé, est saint Joseph aussi à genoux, tenant un bâton de la main gauche; l'âne et le bœuf sont à côté de lui. Dans une partie plus élevée de la crèche, on voit deux anges à mi-corps qui sont en adoration. D'autres personnages placés derrière la Vierge adorent l'enfant Jésus.

Hauteur, 3 p. 2 l.; largeur, 2 p. 4 l.

Dans la partie cintrée du cadre est placée une autre plaque sur laquelle est représenté Dieu le père, les bras étendus, couvert d'un grand manteau que des anges soulèvent de chaque côté. Il est entouré d'une gloire d'anges et de chérubins.

Hauteur, 2 p. 4 l.; largeur, 2 p. 5 l.

Entre les deux sujets, il y a une bande portant cette inscription niellée : *Gloria in excelsis Deo et in terra pax.*

CONVERSION DE SAINT PAUL.

375

2. == Au milieu, et sur le devant de la composition, saint Paul est renversé à terre aux pieds de son cheval qui s'échappe au galop vers la droite; les soldats de sa suite, effrayés de la voix céleste, se sauvent de toutes parts. Dans le fond, un peu vers la droite, on voit Jésus prêchant au milieu d'un grand concours de peuple; les uns debout, d'autres assis sur le bord du Jourdain; une ville située aux pieds d'une chaîne de montagnes, termine la perspective.

Dans le ciel, on voit Dieu le père au milieu d'anges et de chérubins.

Cette belle plaque est montée dans un cadre en cuivre, enrichi d'ornemens en argent, et forme une *paix* dont le haut est terminé par un fronton au milieu duquel est un Saint-Esprit ciselé; la base est garnie de trois écussons niellés; ceux des côtés portent six fleurs de lys; sur celui du milieu est écrit *pax vobis*. La plaque principale porte :

Hauteur, 4 p. 1 l.; largeur, 2 p. 9 l.

BAPTÊME DE JÉSUS-CHRIST.

3. == Cadre en cuivre doré de forme gothique, porté sur un socle de marbre; il contient trois plaques niellées : celle du milieu représente Jésus au milieu du Jourdain, baptisé par saint Jean-Baptiste. Le saint tient une tasse de la main droite avec laquelle il verse de l'eau sur la tête de Jésus. Sur la rive gauche du fleuve, deux anges tiennent une draperie étendue pour couvrir le Christ après la cérémonie du baptême. Dans le ciel, on voit Dieu le père à mi-corps avec le Saint-Esprit et des chérubins. Sujet enfermé dans un ovale.

Hauteur, 2 p. 6 l.; largeur, 2 p.

La plaque supérieure de forme hexagone représente un saint évêque vu à mi-corps, tenant une palme de la main droite et un petit vase dans la gauche.

Diamètre, 1 p. 2 l.

La plaque du bas de forme ronde contient un aigle, les ailes et les pattes étendues, et entouré de petites rosaces.

Diamètre, 1 p. 8 l.

SAINTS ET SAINTES.

4. == Cadres en palissandre renfermant dix petites plaques niellées qui semblent avoir été composées pour être réunies. Sur la ligne du milieu, sont six plaques représentant trois saints et trois saintes en pied de pareille grandeur.

Hauteur, 1 p. 7 l.; largeur, 1 p.

Sur la ligne supérieure, trois plaques en losanges représentant des saints vus à mi-corps.

Diamètre, 1 p. 4 l.

Dans le bas est une plaque ronde au milieu de laquelle on voit un écusson avec une échelle.

Diamètre, 1 p. 4 l.

Cette suite précieuse est d'un travail plein de finesse et d'esprit.

VIERGE COURONNÉE.

5. == Paix composée de quatre plaques niellées. La principale représente Dieu le père assis sur un trône porté par des anges; il pose une couronne royale sur la tête de la Vierge qui est assise à ses côtés. Deux anges planent au-dessus du trône portant une banderole sur laquelle est écrit : *Assumpta est Maria in cœlum ave exerci ange.* Entre deux corniches, un nielle garnit la frise et porte cette inscription : *Pax vobis fundamentum.* Au-dessus, dans un petit rond, est un troisième nielle portant les armes des papes. Enfin, le quatrième se trouve dans la frise du socle et se compose d'ornemens au milieu desquels est le nom de Jésus. Le sujet principal porte :

Hauteur, 2 p. 7 l.; largeur, 1 p. 9 l.

NIELLES. IMPRESSIONS.

NATIVITÉ.

6. == Au milieu d'un monument en ruines, est construite l'étable où est né Jésus. La Vierge à genoux, à droite, adore l'Enfant divin qui est à terre, couché dans une corbeille; saint Joseph est assis à gauche; dans le fond, on voit l'âne et le bœuf; plus haut, sont deux anges adorateurs, et plusieurs bergers entrent dans l'étable par une porte latérale. Dans le ciel, deux anges sonnent de la trompette, et un troisième tient un cartouche sur lequel est écrit à rebours : *Gloria in excelsis.* Pièce cintrée.

Hauteur, 3 p. 5 l.; largeur, 2 p. 5 l.

CONVERSION DE SAINT PAUL.

7. == Sans aucun doute, cette impression provient de la plaque ci-devant décrite (n° 3). Cependant, nous avons remarqué que les lettres S. P. Q. R., tracées sur une banderole placée dans le haut d'une pique que tient un cavalier, sont dans le même sens sur la plaque que sur l'impression; ce qui ne devrait pas être : nous ne pouvons expliquer cette contradiction qu'en admettant que l'artiste a voulu que son ouvrage fût complet sous les deux aspects, et comme impression et comme plaque, et aura changé les lettres sur la plaque après l'impression. Ceci nous fait pré-

sumer, qu'à l'époque où cet ouvrage capital fut exécuté, on connaissait parfaitement l'impression des planches gravées, et que les orfèvres-graveurs en profitaient pour que leur art eût un double résultat. Cependant, cette impression est la seule que nous connaissions de notre planche, n° 3.

Ce nielle est renfermé dans un cadre en cuivre doré porté sur un socle de marbre. Dans un rond ménagé, dans le haut du cadre, on a placé un autre nielle attribué à Mazo Finiguerra, représentant Dieu le père à mi-corps, avec une inscription grecque.

Diamètre, 1 p.

LA VIERGE COURONNÉE.

8. = Impression de la plaque n° 6.

ADORATION DES MAGES.

9. = Composition d'un grand nombre de figures. La Vierge, assise à droite, tient l'enfant Jésus, qu'un Mage à genoux, les bras croisés sur sa poitrine, adore en lui baisant le pied. Deux autres Mages sont debout derrière celui-ci ; ils tiennent tous deux un vase de la main droite et de l'autre leur couronne.

Sur la gauche, on voit descendre d'une haute montagne le nombreux cortége des Mages, composé d'hommes à pied et à cheval. Saint Joseph et deux saintes femmes sont derrière la Vierge, et au-dessus de la crèche, on voit deux anges en adoration, tenant une banderole sur laquelle est écrit à rebours : *xbs rex venit in pace et Deus homo factus est*. Pièce cintrée.

Hauteur, 3 p. 6 l.; largeur, 2 p. 5 l.

NIELLES DIVERS.

10. = Allégorie sur l'Abondance (n° 306. *de l'Essai sur les Nielles, par M. Duchêne aîné*). Arabesques symétriques, avec deux tritons (n° 355 *idem*). Deux montans d'ornemens finement exécutés. — 4 p. réunies dans le même cadre.

ESTAMPES ENCADRÉES.

ANONYMES ITALIENS.

11. = L'Innocence traînée devant un juge ignorant. (B. n° 10.) Cette estampe nous parait gravée par Baldini, comme le dit Heinecke.

12. = La Nymphe endormie (n. 11). 1er ÉTAT, avant le trait

ESTAMPES ENCADRÉES.

de burin qui joint le jeune homme assis à la femme couchée et avant le nom de *Salamanca*. Deux petits angles rajustés.

ANONYMES DU TEMPS DE MARC-ANTOINE.

13.== Adoration des Bergers (monogramme n° 20). Ier ÉTAT, avant la retouche. Les Vendangeurs (monogramme n° 5). 2 p.

ANONYMES ALLEMANDS.
Le Maître de 1466.

14.== La Vierge assise sur un trône. L'enfant Jésus, debout sur les genoux de la Vierge, tient un globe dans sa main gauche et dans l'autre un sceptre. Plusieurs anges sont en adoration; l'un d'eux à genoux, à droite, soulève un bout du manteau de la Vierge. Une couronne impériale est au-dessus de la tête de la Vierge, et plus haut le Saint-Esprit. Les draperies du dais sont relevées de chaque côté par des anges. Pièce *non décrite* de la plus grande rareté et d'une parfaite conservation. 415

Hauteur, 5 p. 8 l.; largeur, 4 p. 8 l.

15.== L'Évangéliste saint Luc (B. 63).
16.== La Jeune Femme tenant un écusson (B. 92). 30
17.== Les Musiciens. Un cavalier, jouant de la guitare, accompagne une dame qui pince de la harpe. Les deux personnages sont assis auprès d'une fontaine, sur le bord de laquelle est perché un perroquet qui s'y désaltère. *Non décrite*. Le même sujet a été traité par Israël de Mecken.

Monogramme n° 220.

18.== Deux pièces représentant des hommes en costumes civils et militaires. (B. 3 et 5.) 3 - 5

AUGUSTIN (de Venise).

19.== Le Portement de croix (B. 28), connu en Italie sous le titre de *Lo Spasimo di Sicilia*. Ier ÉTAT, avec l'année 1517. 25
20.== Iphigénie en Tauride, reconnaissant Oreste et Pylade (B. 194). Belle ép. 15
21.== La Carcasse (B. 426). Belle ép. 90
22.== La Barque (B. 474). Pièce rare d'ap. Raphaël. 16
23.== Homme nu portant la base d'une colonne (B. 477). Doublé. 5 - 60

BALDINI.

24.== Vignette pour le Dante. Chant second (B. 38). 11

ESTAMPES ENCADRÉES.

BALECHOU.

25. — Sainte Geneviève; épreuve rare av. toutes lettres.
26. — La Tempête, d'ap. J. Vernet. Deux différentes épreuves imprimées au recto et au verso de la même feuille. La première est av. toutes lettres; très rare; la seconde avec la faute au mot *Compagnie* écrit *Compagine*, et avant plusieurs travaux.
27. — Portrait du roi de Pologne; av. toutes lettres, rare.

BERGHEM (*Nicolas*).

28. — Le Repos des vaches (B. 3). 1er ÉTAT, avant que les montagnes et le petit nuage au-dessus du bouquet d'arbres aient été couverts de tailles et avant d'autres travaux. Quelques petites restaurations.
29. — Le Joueur de cornemuse (B. 4). 1er ÉTAT, avant le nom de Berghem.

BERVIC.

30. — Portrait de Louis XVI en pied. Ép. av. la lettre, portant la signature du graveur.

BLOEMAERT (*Corneille*).

31. — L'Adoration des Bergers, d'ap. Raphaël. Belle épreuve remmargée.
32. — La Vierge aux lunettes, d'ap. An. Carache. Belle ép.

BLOTELING.

33. — Portrait de l'amiral Kortenaer, d'ap. Vander Helst. Belle ép.

BOCHOLT (*F. Van*).

34. — Jugement de Salomon (B. 2). Pièce capitale du maître, et rare.

BOLDRINI.

Monogramme 778 du Dictionnaire de Bruillot.

35. — La Nativité, saint François, Décollation de saint Jean Baptiste, etc. Gravures sur bois. 5 p.

BOLSWERT.

36. — Le Serpent d'airain, d'ap. Rubens. 1er ÉTAT, avant les tailles autour des armes.
37. — Reniement de saint Pierre, d'ap. Seghers. Belle ép.
38. — Le Couronnement d'épines, d'ap. Van Dyck. 1er ÉTAT,

avant la retouche et les doubles tailles, derrière la jambe du soldat qui est à droite.
39.==Le Christ à l'éponge, avant la main sur l'épaule de la Vierge. Le Christ au coup de lance. 2 p. — 102
40.==Jupiter enfant, nourri par la chèvre Amalthée, d'ap. Jordaens. Belle ép. — 5

Bonasone (Jules).
41.==Clélie et ses compagnes traversant le Tibre (B. 83). Ier État, avant l'adresse de *Lafreri*. Très-belle ép. — 96

Caducée (le maître au).
42.==L'Ange Gardien (B. 9). Belle ép. — 25
43.==Offrande à Priape (B. 19). — 10

Campagnola (Domenico).
44.==Hommes nus combattant à pied et à cheval (B. 19). Rare et belle ép. — 25

Desnoyers (M.).
45.==Napoléon en grand manteau impérial, d'après M. Gérard. Belle ép. avec l'aigle. — 42

Drevet (Pierre).
46.==Louis XIV, d'après Rigaud. Ier État, avec les petits mollets et la boucle de cheveux près de l'œil. — 36 – 50
47.==Portrait de Bossuet. Ier État, avec le dossier du fauteuil blanc. Superbe ép. — 200

Durer (Albert).
48.==Adam et Eve (B. 1). Belle ép. — 200
49.==Saint Hubert (B. 57). Belle ép. provenant de la collection Mariette. — 46
50.==Saint Jérôme dans sa cellule (B. 60). — 35

Duvet (Jean).
51.==Une pièce de la suite de l'Apocalypse (B. 35). — 19 – 50

Dyck (Van).
52.==Christ au roseau. Ier État, avant les mots *aqua forti*. — 76

Edelinck (Gérard).
53.—Sainte Famille, d'après Raphaël. Belle ép. avec les armes de Colbert. Elle a été soigneusement remmargée. — 110

ESTAMPES ENCADRÉES.

156 — 64.=La Madeleine, d'après Le Brun. Ep. av. la lettre, avec deux pouces de marge au bas et une ligne aux autres côtés.
20 — 55.=Portrait de Natanael Dilgerus.

Fortier (M.).

21 — 56.=Forêt vierge du Brésil, d'après M. le comte de Clarac. Ep. av. l. l. Cette estampe est en feuille.

Ghisi (Georges Mantuan).

52 — 57.=Pièce allégorique appelée le Songe de Raphaël (B. 67). Belle ép.

Ghisi (Diana Mantuan).

46 — 58.=Jésus-Christ renvoyant la femme adultère. Ier État, avant les armes des ducs de Mantoue.

Glockenton.

24 — 59.=Portement de Croix (B. 15). Cette estampe a été gravée par W. d'Olmütz et retouchée par Glockenton qui l'a marquée de son monogramme.

Goltzius (Henri).

12 — 60.=La Circoncision, un des chefs-d'œuvre du maître dans le style de Lucas de Leyde.
17 — 61.=Portrait de Goltzius, père de l'artiste. Ep. av. l. l.
72 — 62.=Jeune Homme avec un chien. Estampe connue sous le nom du Chien de Goltzius.

Goudt (le Comte de).

15 — 63.=Cérès, cherchant sa fille Proserpine, se désaltère chez la vieille Misma et change le jeune Stellion en lézard pour le punir de s'être moqué d'elle. Très bel effet de nuit.

Hollar (W.).

40-50 — 64.=Le Lièvre mort attaché par une patte. Belle ép. et une des pièces les plus recherchées de ce graveur.

Lasinio.

20-50 — 65.=Arabesques du Vatican, d'après Raphaël. 20 p. en feuilles.

Lauwers (Nicolas).

32-50 — 68.=Les Fumeurs, d'après Seghers. Belle ép.

Lucas (de Leyde).

40 — 69.=Conversion de saint Paul (B. 107).

ESTAMPES ENCADRÉES.

Mantegna.
70. ═Jésus-Christ délivrant les âmes des Limbes (B. 5).   19-50

Massard (R. Urbin).
71. ═Atala, d'ap. Girodet. Ep. av. l. l.   30

Masson.
72. ═Portrait du comte d'Harcourt, connu sous le nom du Cadet à la perle. Belle ép. av. le trait échappé au-dessus de la tête et av. le 4 dans la marge de gauche. Doublé.   26

Mecken (Israël de).
73. ═La Danse d'Hérodiade (B. 9). Endommagée et doublée.   25-50

Mellan (C.).
74. ═Saint Pierre Nolasques porté par deux anges. Belle ép. Cette estampe est une des plus recherchées de ce maître.   15

Morghen (Raphaël).
75. ═Le Sommeil de Jésus, d'ap. le Titien.   8-50

Nanteuil.
76. ═Louis XIV couvert d'une cuirasse; grand buste de forme ovale : dans les angles, quatre fleurs de lys. 1666. Superbe ép.   36-50
77. ═Colbert; buste enfermé dans un ovale : aux angles, deux C couronnés. 1676. Pendant du précédent.   39-50
78. ═Pomponne de Bellièvre.   23-50

Nolpe (Peter).
79. ═La Digue rompue.   12

Pentz (Georges).
80. ═Assaut et prise de Carthage par les Romains, d'ap. Jules Romain. Belle ép.   38-50

Pesne (Jean).
81. ═Esther devant Assuérus, d'ap. le Poussin. Ier État, av. l'adresse de l'éditeur.   40

Poilly (François).
82. ═La Nativité, d'ap. le Guide. Ier État, av. les anges et la bordure non terminée.   5
83. ═Sainte Famille, d'ap. le Poussin. Ep. av. l. l.   9-5

ESTAMPES ENCADRÉES.

280 ½ Parnasse
18-50 84.==Vierge au voile. Ier Etat, avant les secondes tailles sur le linge que tient la Vierge.

POLLAJOLO (*orfèvre Florentin*).

40-50 85.==Gladiateurs combattant (B. 2). Pièce capitale et rare. Doublée.

RAIMONDI (*Marc-Antoine*).

10 86.==Jésus-Christ mis au tombeau, d'ap. Raphaël (B. 36).
91 87.==Les trois Maries pleurant auprès du corps mort de Jésus-Christ, d'ap. Raphaël (B. 37).
80 88.==La Vierge à l'escalier, d'ap. Raphaël (B. 45). Belle ép.
23-50 89.==Vierge lisant (B. 48). Doublée.
153 90.==Vierge dite à la longue cuisse, d'ap. Raphaël (B. 57). Belle ép. avec une légère restauration.
200 91.==Martyr de saint Laurent, d'ap. Baccio-Bandinelli (B. 104). Très-belle ép. avec quelques petites restaurations.
126 92.==Les cinq Saints, d'ap. Raphaël (B. 113). Un peu taché, du cabinet Mariette.
25 93.==Lucrèce prête à se donner la mort, d'ap. Raphaël (B. 192). Pièce rare.
40-50 94.==Le Triomphe, d'ap. Mantegna (B. 213). Copie trompeuse et de toute beauté.
80 95.==Orphée et Eurydice sortant des enfers (B. 295).
39 96.==Vénus, Minerve et l'Amour, d'ap. Raphaël. Groupe tiré du jugement de Pâris (B. 310).
30 97.==Mars, Vénus et l'Amour, d'ap. Mantegna (B. 345), av. la retouche : rare de cette qualité. Doublée.
31 98.==Femme au croissant et le bâton courbé, d'ap. Francia (B. 354 et 369). 2 p.
40 99.==Triomphe de Trajan (B. 361). Belle ép.
27 100.==Le jeune Homme à la lanterne suivi d'un bélier, d'ap. Raphaël (B. 384).
36 101.==La Paix, d'ap. Raphaël (B. 393).
80 102.==Les Grimpeurs, d'ap. Michel-Ange (B. 487). Ep. d'un ton brillant.
49 103.==Pièce allégorique représentant un homme nu frappant avec des courroies un enfant également nu, qu'il tient par les cheveux. L'enfant tient un gouvernail de la main droite; il est monté sur deux boules, les jambes très-écartées. Cette pièce, quoique sans marque, nous parait incontestablement de Marc-Antoine. Non décrite.
Hauteur, 5 p. 8 l; largeur, 5 p.
56- 104.==Un cadre contenant la Prudence (B. 371); Vénus

ESTAMPES ENCADRÉES.

(B. 260); le Paysan aux œufs (B. 453); le Vieillard et le jeune Homme gras (B. 436). 4 p. par Marc-Antoine et Augustin Vénitien.

REMBRANDT (Van-Ryn).

105.=Ecce Homo (B. 77). IIIe ÉTAT. — 126
106.=La grande Descente de Croix (B. 81). IIe ÉTAT, avant l'adresse de H. Vlenbug. — 120

ROTA (Martin).

107.=Le Jugement dernier, d'ap. Michel-Ange (B. 28). Ier ÉTAT, avec la tablette, doublée et l'Adoration. 2 p. — 38

SCHONGAWER (Martin).

108.=La Mort de la Vierge (B. 33). Belle ép. — 39
109.=Jésus, dans un jardin, au milieu des anges (B. 34 de l'appendice). Superbe ép. un peu rognée du bas. — 40
110.=Tentation de saint Antoine (B. 47). Ép. très-brillante avec quelques restaurations. — 57

SILVESTRE (de Ravenne).

111.=Les Squelettes (B. 425). Belle ép. — 20

VICO (Enea).

112.=Académie de Baccio-Bandinelli (B. 49). Ier ÉTAT, av. le nom du graveur. Doublée et endommagée. — 19-50

VISCHER (Corneille).

113.=Les Musiciens ambulans, d'ap. Ostade. Très-belle ép. un peu tachée, avec un pli au milieu. — 22-50
114.=Portrait de Bouma. Belle ép. av. l'année. — 40
115.=Portrait de G. de Ryck. Pièce belle et rare. — 47

VLIET (Van).

116.=Loth et ses filles, d'ap. Rembrandt (B. 1).
117.=Vieille Femme lisant (B. 18). Belle ép. portant la marque du cabinet de Graves. — 24

VORSTERMAN (Lucas).

118.=Jésus au Jardin des Oliviers, d'ap. Annibal Carache. Belle ép. — 11
119.=Descente de Croix, d'ap. Rubens. Belle ép. — 62
120.=Jésus-Christ mort, étendu à terre, appuyé sur les ge- — 29

ESTAMPES EN FEUILLES.

noux de la Vierge, d'ap. Van-Dyck. 1er Etat; av. la troisième ligne au titre.

25 - 50   121.==La Vierge au rosaire, d'ap. Michel-Ange. Belle ép.
15 - 50   122.==Saint Georges terrassant le dragon, d'ap. Raphaël. Belle ép.

Woollertt (William).

280   123.==Bataille de la Hogue et la mort du général Wolff, d'ap. B. West. Ep. avec les lettres blanches. 2 p.

Zingel (Martin).

10 - 50   124.==Martyr de saint Sébastien (B. 4). Belle ép. restaurée.
15   125.==Le grand Tournois (B. 14).

Zoan-André.

25 - 50   126.==Pièce allégorique et très-rare (B. 16).
6   127.==Cadres renfermant des sujets et paysages, par Cavaglieris, Herman, Waterloo, etc. 4 p.

ESTAMPES EN FEUILLES.

19 - 95   128.==Fac-simile d'un Nielle de Maso Finiguera, et un sujet tiré d'un Cinéraire antique.
          Environ 100 feuilles des deux sujets.
8   129.==Varie invenzioni di Andrea Mantegna. 29 p.
14   130.==Copies d'ap. Rembrandt, Marc-Antoine et autres. 9 p.
4   131.==Choix de Statues, par Piranesi. 40 p.
7 - 20   132.==Gravures au trait et coloriées, d'ap. des vases grecs. Environ 65 p.
37 - 50   133.--Collection de Vues du Rhin coloriées; publiées par Artaria et compagnie. 50 p.
17 - 50   134.==Vues d'Italie coloriées à la gouache. 15 p.
8   135.==Portraits, etc. 30 p.
3   136.==Lithographies diverses, Caricatures, Portraits, etc. Environ 70 p.
3   137.==Un lot de Cartes géographiques.
3 - 5   138.==Estampes gravées, par Volpato, Cunégo et autres; publiées par Piranesi. 22 cahiers.

RECUEILS ET LIVRES SUR LES ARTS ET LA LITTÉRATURE.

20 - 50   139.==Recueil d'Antiquités égyptiennes, étrusques, grecques,

RECUEILS ET LIVRES,

romaines et gauloises, par le comte de Caylus, avec fig. Paris, 1767, 7 vol. in-4°, v. m.

140. = Monumenti Egiziani della Raccolta del sigr. Papandriopulo, dal G. Visconti. (Planches coloriées.) Roma, 1828, gr. in-f°. — 29-50

141. = Panthéon égyptien, collection des personnages mithologiques de l'ancienne Egypte, avec texte explicatif, par M. Champolion le jeune, et les figures d'après les dessins de M. J.-J. Dubois. — 40

142. = Monumens inédits d'Antiquité figurée grecque, étrusque et romaine; recueillis et publiés par M. Raoul-Rochette. Texte et planches. Paris, 1813, gr. in-f°, d.-r. — 48

143. = Antiquités de la France, par Clerisseau, architecte; monumens de Nismes, planches et texte. Paris, P.-D. Pierres, 1778. — 5

144. = Antiquités de la France, par Clerisseau et Legrand; monumens de Nismes. Planches et texte. Paris, Didot aîné, 1804, 2 vol. gr. in-f°, car. Autre pareil exemplaire. Deux lots. — 24 / 18

145. = L'histoire de l'Art chez les anciens, par Winckelmann, avec fig.; traduite de l'allemand par Huber. Leipsig, 1781, 3 vol. in-4°, fig. — 18

146. = Métaponte, par M. le duc de Luynes et M. F. J. Debacq; texte et planches en noir et couleur. Paris, 1833, in-f°., cart. — 16

147. = Musée Blacas, monumens grecs, étrusques et romains, publiés par Panofka. 4 liv. planches et texte. — 27-50

148. = Antiquités gauloises et romaines, recueillies dans le palais du sénat, par M. C. M. Grivaud. Planches, 1 vol. p. in-f°. Paris, 1807. — 12

149. = Antiquités et autres ouvrages, 8 cahiers. — 8

150. = Iconographie grecque et romaine, par Visconti. Paris, 1811, 3 vol. in-4° pour le texte, et 1 vol. in-f°, atlas, 4 vol. — 32

151. = Le même ouvrage. Paris, 1808. Texte et planches, 7 vol. gr. in-f° cart. — 350

152. = Musée de sculpture antique et moderne, par M. le comte de Clarac, 6 liv., texte et planches. — 39-50

153. = Musée général de peinture et sculpture, par M. Reveil, avec des notes historiques, critiques, etc.; par M. Duchêne aîné, 90 liv. — 23

154. = Meubles et ustensiles sacrés et profanes; 100 planches recueillies et gravées par Ruga; in-4° oblong. Milan, 1811. Deux exemplaires. — 7-5

RECUEILS ET LIVRES.

15 — 155. = Choix de costumes civils et militaires des peuples de l'antiquité, etc., par Willemin.

5 — 156. = Sculture del Campidoglio disegnate ed incise da F. Mori. 6 livraisons.

16 — 157. = L'Iliade d'Homère et les tragédies d'Eschyle, d'après les compositions de Flaxmann, gravées par Piroli. 2 cahiers.

30 — 158. = Numismata imperatorum romanorum præstantiora, par J. Vaillant. Romæ, 1743, 3 vol. in-4°, v. m.

4-40 — 159. = Prontuario delle medaglie de' più illustri uomini e donne dal principio del mondo insino al presente tempo. (Planches et texte.) Lione, 1553. 1re et 2e partie en 1 vol. gr. in-8°, parchemin.

45 — 160. = Nummorum veterum populorum et urbium qui in Museo, G. Hunter, avec fig. Londres, 1782, gr. in-4°, d.-r.

45 — 161. = Recueil de médailles de rois, qui n'ont point été publiées ou qui sont peu connues, par Pellerin. Planches et texte. Paris, 1762, 8 vol. Lettres de l'auteur avec fig. Francfort, 1770, 1 vol. Addition aux 9 volumes de recueils de médailles. La Haye, 1778, 1 vol.; ensemble, 10 vol. gr. in-4°, v. m.

180 — 162. = Descriptions des médailles antiques, grecques et romaines, par Mionnet, 13 vol., dont 6 du supplément et 1 pour les planches. De la rareté et du prix des médailles, par le même, 2 vol. Paris, 1826, 1827, 1828, 1829. 15 vol. in-8°, d.-r.

349
36 — 163. = Descriptions, catalogue et autres ouvrages sur la numismatique.

— 164. = Recueil de gravures, d'après les vases antiques du cabinet d'Hamilton, publié par Tischbein. Planches et texte anglais et français. Naples, 1791, in-f° br.

23 — 165. = Peintures antiques et inédites de vases grecs, avec texte, par Millingen, 2 vol. in-f°.

16-50 — 166. = Ancient unedited monuments, painted Greeks vases, by James Millingen, avec fig. coloriées. London, 1822, in-4°.

48 — 167. = Recherches sur les noms de vases grecs et vasi di premio, par Panofka. 2 cahiers.

131-50 — 168. = Antiquités d'Herculanum, gravées par Piroli, avec texte explicatif, par S. Ph. Chaudé, publiées par Piranesi. Paris, Leblanc, 1804, 1806, 6 vol. gr. in-4°, d.-r.

44 — 169. = Galerie des peintres, publiée par M. Chabert. Livraisons 1-30, in-f°.

RECUEILS ET LIVRES.

3	170.==Souvenirs du golfe de Naples, par M. le comte Turpin de Crissé. Texte et planches, ouvrage très-soigné, pet. in-f°.
2	171.==Annales du Musée, par M. Landon, 30 vol. in-8°. br. Savoir: 16 vol. école moderne des Beaux-Arts, 3 vol. partie ancienne, 4 vol. de paysage et de tableaux de genre, et 7 vol. pour les salons de 1808, 1810, 1812, 1814 et 1817.
2 6	172.==Voyage pittoresque en Corse, par Joly Delavaubignon, 12 livraisons in-f°., planches et texte.
1	173.==Musée des antiques, commencé par Visconti, continué et augmenté par M. le comte de Clarac; in-8° cart.
0-50	174.==Dictionnaire de la Fable, par Millin. Paris, 1801, 2 t. en 1 vol. in-12.
	175.==Dictionnaire de la Fable, par Chompré. Paris, 1775, in-18.
	176.==Dictionnaire des beaux-arts, par A. L. Millin. Paris, 1806, 3 vol. in-8°.
	177.==Dictionnaire des artistes de l'école moderne française au 19° siècle. Paris, 1831, 1 vol. in-8° br.
9	178.==Essai sur les Nielles, par M. Duchêne aîné. Paris, 1826, in-8° br.
3	179.==Diverses brochures sur les arts.
21	180.==Le Peintre-Graveur, par Bartsch, 5 vol. in-8°.
2-50	181.==Catalogues Rigal, du Fourny, Denon Saint-Victor, Manuel Joubert et plusieurs autres notices et catalogues de tableaux, d'estampes et de curiosités. Ce numéro sera divisé.
1-50	182.==OEuvres de Bernard Palissy. Paris, 1777, in-4° br.
3	183.==Ephémérides de P. J. Grosley, 2 vol. in-12 br.
12.50	184.==Songe de Poliphile, traduction libre de l'italien, par J. G. Legrand. Paris, Didot l'aîné, 1804, 2 vol. in-12, 12 exemplaires.
8	185.==Dictionnaire de l'Académie française, cinquième édition. Paris, 1814, 2 vol. in-4°, v. racine.
4	186.==Annales de l'Institut de correspondance archéologique. Rome et Paris, 1829, 1834.
9 3	187.==Chefs-d'œuvre dramatiques, 57 vol. in-18. B. Dentelle, 1-66, Manque les vol. 4, 12, 13, 14, 38, 42, 49, 54, 61.
3 5	188.==Beaucoup de brochures historiques, dramatiques, etc. Plusieurs lots.
3 5	189.==Description routière et géographique de l'empire français, par R. V***. Paris, 1813, 6 vol. in-8°.
12	190.==Livre de poste ou état général des postes du royaume de France. 1827, in-8°, v. d.
12-50	191.==Itinéraires et voyages.

MINIATURES, GOUACHES

192.⹀Traité des maladies nerveuses ou vapeurs, par M. Louyer-Villermay, 2 vol. in-8° br.

193.⹀Plusieurs ouvrages de littérature, complets et incomplets, seront vendus sous ce numéro.

MINIATURES, GOUACHES ET DESSINS ENCADRÉS.

194.⹀Miniatures exécutées sur des gravures au simple trait, d'ap. des fresques antiques. 5 p.

195.⹀La Philosophie et la Jurisprudence, d'ap. Raphaël, très-belles gouaches exécutées sur les gravures de Morghen. 2 p.

196.⹀L'école d'Athènes, grande gouache très-soignée.

197.⹀Le Char de la nuit, d'ap. le Guerchin, et celui du soleil, d'ap. le Guide; miniatures sur papier. 2 p.

198.⹀Les Amours des Dieux, d'ap. le Carache, estampes coloriées à la miniature. 4 p.

199.⹀Amours, Diane et Mercure traînés dans des chars, d'ap. Raphaël, miniatures sur papier. 4 p.

200.⹀Les Heures et autres figures symboliques, d'ap. Raphaël, etc. 16 p. coloriées à la miniature, 2 lots.

201.⹀Miniatures symboliques, représentant l'Amour jaloux, l'Amour cruel et l'Amour violent, d'ap. des fresques de Jules Romain. 3 p.

202.⹀Naissance de Vénus, d'après Raphaël.

203.⹀Miniatures, d'ap. des peintures antiques, représentant les noces Aldobrandines. 2 p.

204.⹀Joli dessin à l'aquarelle, représentant l'entrée de Jésus-Christ dans Jérusalem.

205.⹀Vue des restes du Forum de Rome; vue d'une partie de la rue du Saint-Esprit, près de Saint-Pierre, dont on voit le dôme; 2 dessins capitaux à l'aquarelle, par Nicolle.

206.⹀Vue de la grande place Navona, dessin colorié par Devailly.

207.⹀Gouaches représentant le mont Palatin et le tombeau de C. Cestius. 2 p.

208.⹀Grande cascade de Terni, vues de Rome, etc., par Cassas, Bernu et autres. 3 p. 2 lots.

209.⹀Vue de Naples, par Berteau. 2 p.

210.⹀Monumens antiques, paysages, études d'animaux, etc.; 4 dessins coloriés, par Vander Burch et autres.

211.⹀Les Baigneuses, paysage, par Topfer.

212.⹀Intérieur d'un monument gothique en ruines; dessin colorié, par Vauzel.

ET DESSINS ENCADRÉS.

213. ⹀ Course de chars au Champ-de-Mars; dessin colorié, par M. C. Vernet. — 12
214. ⹀ Paysages à la gouache : dans l'un, on voit des religieux écoutant la prédication d'un de leurs frères; dans l'autre, un religieux faisant la lecture de l'Ecriture Sainte au milieu de ses frères. 2 p. — 23 -
215. ⹀ Très-belles fleurs peintes à l'aquarelle sur parchemin. 3 p. non encadrées. — 15
216. ⹀ Paysages, marines et sujets. 9 p. idem. — 9 8
217. ⹀ Modèles de cheminées, candélabres et autres meubles. Dessins à l'aquarelle. 32 p. idem. — 7
218. ⹀ Divers petits cadres avec miniatures, fixés, etc. 7 p. — 3
219. ⹀ Présentation au Temple, vues diverses. 5 p. — 32
220. ⹀ Dessins à la sépia et à l'aquarelle. 5 p. — 8 -
221. ⹀ Paysages lavés à l'encre de la Chine, par Zingg et Wille. 3 p.
222. ⹀ Oiseaux, marines, etc., par Redouté et Kobell. 3 p. — 20
223. ⹀ Estampes coloriées, paysages. 2 p.
224. ⹀ Diane de France et Montmorency surpris ensemble par Henri II. Sujet peint sur porcelaine. — 10
225. ⹀ Deux petits bas-reliefs chinois, sculptés sur ivoire et coloriés. — 15 -
226. ⹀ Bordures dorées. — 17 -

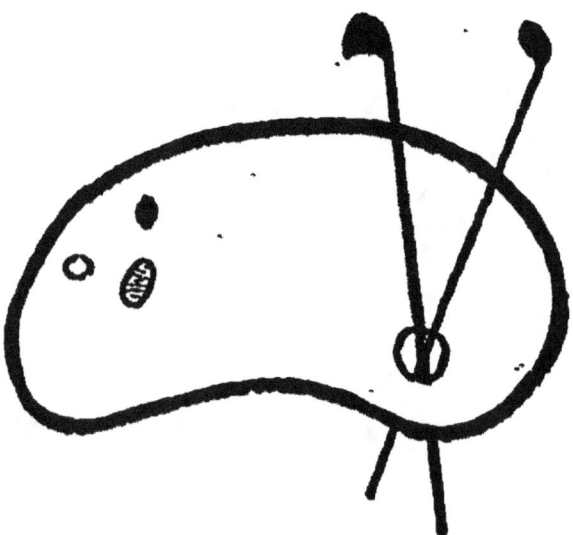

ORIGINAL EN COULEUR
NF Z 43-120-8

www.ingramcontent.com/pod-product-compliance
Lightning Source LLC
Chambersburg PA
CBHW030107230526
45471CB00003B/1291